AF400024

Der französische Küstenwanderweg am Pas de Calais

GR120 – Voie du Littoral

Impressum

Bibliografische Information der Deutschen Nationalbibliothek:
Die Deutsche Nationalbibliothek verzeichnet diese Publikation
in der Deutschen Nationalbibliografie; detaillierte
bibliografische Daten sind im Internet über http://dnb.dnb.de
abrufbar.

© 2024 Sven Müller, Rudolstadt

Verlag: BoD · Books on Demand GmbH, In de Tarpen 42,
22848 Norderstedt, bod@bod.de

Druck: Libri Plureos GmbH, Friedensallee 273, 22763
Hamburg

ISBN: 978-3-7693-1830-2

Inhalt

1 WOZU DIESES BUCH?

Ich wandere gerne! Auf regionalen Wegen wie auch im Ausland. Ich mache kaum einen Unterschied zwischen dem sportlichen Wandern wie auch dem spirituellen Pilgern. Wir bewegen uns auf den eigenen Beinen fort, nehmen die Umwelt bewusst mit allen Sinnen wahr. Lassen uns auf Land und Leute ein. Das ist es, was ich unter Wandern verstehe.

Genau mit dieser Grundeinstellung bin ich 2022 auf die Idee gekommen, einen Küstenweg in Frankreich zu erwandern. Meine Familie gab mir die Zeit - und schon saß ich im Zug nach Dünkirchen.

Irgendwann hatte ich die Idee: „Ach, schreib doch deine Erfahrungen auf". Vielleicht interessiert es ja irgendjemanden.... so entstand dieses Büchlein.

Es ist ein Mix aus Wanderführer und Erfahrungsbericht – es soll Spaß machen beim Lesen und zum Nachmachen anregen.

Die GR-Fernwanderwege sind ein Netzwerk von Fernwanderwegen in Europa, welche vornehmlich in Frankreich, Spanien sowie angrenzenden Ländern verbreitet sind. Einige GR-Fernwanderwege sind Teil der längeren Europäischen „E"-Fernwanderwege, die Europa in mehreren Richtungen durchqueren.

Dieses Büchlein widmet sich dem GR120, welcher am Übergang der Nordsee zum Ärmelkanal – der Straße von Dover – verläuft. Er beginnt typischerweise am Strand von „Bray Dunes", an der belgisch/französischen Grenze und endet in „Le Tréport", einem Städtchen im Département „Seine-Maritime" in der Normandie. Der GR120 ist historisch bedingt „vollgespickt" mit Bauten aus dem 2ten Weltkrieg, auf Schritt und Tritt sind diese präsent. Auch wenn der Sand das meiste davon mittlerweile verdeckt.

Es ist unerheblich, ob man ihn von Ost nach West oder entgegengesetzt läuft. Ich bin in „Bray Dunes" gestartet und lief nach Westen. Ja, dann hat man vielleicht das Wetter im Gesicht. Aber so schlimm war es nun auch nicht.

Der GR120 streift die Regionen „Französisch Flandern", „Pas de Calais", „Picardie" und „Somme". Europäisches Kulturland „par excellence"!

Beachten sollte man, das Wandern am Strand deutlich anstrengender sein kann als Wandern auf Waldwegen oder Asphalt. Dies sollte in der Etappenplanung bedacht werden.

Quelle 1: https://www.gr-infos.com/gr120.htm

Abbildung 1: Der GR120 Küstenweg

3 AUF EIN WORT: DER ZWEITE WELTKRIEG IN DER REGION

Wie auf kaum einem anderen Wanderweg hat der Zweite Weltkrieg diese Region stark geprägt. Heute sieht man davon noch viele Bunkeranlagen, die von französischer, englischer und deutscher Seite errichtet worden sind. Mit geübtem Auge erkennt man auch noch alte Stacheldrahtzäune, Panzerhindernisse, Panzermauern, Detonationskrater und vieles mehr.

Und was macht der Franzose daraus? Er arrangiert sich, nutzt die Bauten als Fluthindernisse, nutzt sie zur Landwirtschaft, macht daraus Museen, verziert die Bauten künstlerisch oder lässt es eben einfach so stehen. Er weiß genau: die Zeit lässt das Meiste irgendwann unter dem Flugsand verschwinden.

Typischerweise geht die französische Familie nach dem Wochenendessen im Restaurant noch ein paar Schritte am Strand, bis zu einer alten Anlage und wieder zurück. Und die Jugend hat die Bauten als Partygebäude längst für sich entdeckt.

Allgemeine Höflichkeit: besonders in den ländlichen Regionen ist es üblich, grundsätzlich jeden zu grüßen, den man sieht. Ein „Bonjour" hat noch niemanden geschadet. Eine Grenze, ab wann nicht mehr, kann ich nicht nennen. Ihr merkt es an eurem Umfeld, wie es sich verhält. Passt euch einfach an. In manchen Regionen wurde pauschal jeder Gast einer Kneipe mit Handschlag begrüßt, ob bekannt oder nicht.

Tanken: Frankreich ist ein großes Land mit, im Vergleich zu Deutschland, recht dünner Besiedlung. Das trifft auch auf die Tankstellendichte zu. Ich empfehle aus gutem Grund, ab 50% Tankinhalt die nächste Tankstelle am Weg aufzusuchen.

Autobahnmaut: wer nicht mit Kreditkarte zahlen möchte oder keine Maestrokarte besitzt, zahlt eben in bar oder per „Liber-t Box". Ich empfehle, langsam an die zahlreichen Mautstellen heran zu fahren, die darüber angebrachten Schilder zu prüfen, in die richtige Box zu fahren und immer ein paar Münzen parat zu haben. Einmal stand ich in der falschen Reihe und hinter mir mussten alle zurückfahren, ich machte mir sicher viele Freunde. Mit der „Liber-t Box" könnt ihr am stressärmsten durch die Mautstellen in entsprechender Linie fahren. Die Kennzeichnung vom

„grünen Pfeil" bedeutet, dass die entsprechende Box durch einen Mitarbeiter besetzt ist. Die Schranke nach dem Bezahlen schließt erst, wenn ihr durchgefahren seid. Ihr könnt euch Zeit lassen! Direkt nach dem Durchfahren beginnt eine kurze Rally, wer als erster wieder in den normalen Fahrspuren sein wird. Passt hier besonders rechts und links auf!

Blitzer: schon bei minimalen Überschreitungen seid ihr fällig! Dabei bemerkt ihr das „Blitzen" an sich nicht unbedingt, ihr seht es auch oft nicht. Aber ihr habt nach dem Urlaub Post aus Frankreich zu Hause, je nach Tatbestand mit 3 Zahlungszielen: 3, 15 oder 30 Tage. Plus zeitlichem Zuschlag wegen Länderübergreifender Vollstreckung. Stand 2020 liegt der Regelsatz für Überschreitungen bis 20km/h innerorts bei 135€, außerorts 68€. Wer schnell zahlt, bekommt einen Rabatt. Wer juristisch dagegen vorgehen will, muss auch erstmal bezahlen. Vollstreckt werden kann das Bußgeld nur über 70€. Die Verjährung beträgt 2 Jahre. Informiert euch bitte vor eurer Reise über die dann geltenden Regelungen. Das Blitzernetz ist wesentlich dichter als in Deutschland. Blitzer-Warnapps sind verboten und werden mit 1500€ Bußgeld sanktioniert!

Handynutzung während der Autofahrt: seit Mai 2020 riskiert ihr die sofortige Abgabe von Führerschein und Fahrzeug, wenn ihr ein Telefon in der Hand haltet und gleichzeitig eine andere Verkehrsverletzung in Bezug auf Fahrregeln, Geschwindigkeitsüberschreitungen, Vorbeifahren, Kreuzungen oder Vorfahrt begeht.

Die Polizei darf bei einer Handynutzung während des Fahrens den Führerschein für bis zu sechs Monate einkassieren. Fällig ist zudem ein Bußgeld von 135 Euro. Auch Musik dürft ihr nicht mit Kopfhörern während der Fahrt hören.

Seit 2015 ist es außerdem verboten:

- hinter dem Steuer etwas zu essen oder zu trinken (Bußgeld: 75 Euro),
- die Karte zu lesen (Bußgeld: 75 Euro),
- im Handschuhfach zu wühlen, weil ihr etwas sucht (Bußgeld: 75 Euro),
- laut Musik zu hören (Bußgeld: 75 Euro),
- rauchen im Auto in Anwesenheit von Minderjährigen: 68 Euro,
- ohne Warndreieck/Warnweste für jeden Passanten unterwegs zu sein: 135 Euro

Umweltplakette: Bei der Fahrt mit dem eigenen Auto ist außerdem das Erwerben der französischen Umweltplakette für 4,21€ sinnvoll. Man riskiert sonst in vielen Städten eine Geldbuße und ggf sogar das Abschleppen.

Parken: Stand 2019. Haltet euch an die folgenden Regeln: durchgezogene gelbe Linien am Fahrbahnrand oder dem Bordstein bedeuten absolutes Halteverbot!

Eine gestrichelte gelbe Linie am Fahrbahnrand oder dem Bordstein bedeutet Parkverbot (Halten erlaubt). Ist ein Fahrbahnrand oder Bordstein blau markiert, kann man eventuell kostenlos parken, ggf mit Parkscheibe. Schaut einfach, wie es die Franzosen machen. Es gibt auch blau markierte Straßen, in denen je nach Kalendertag entweder auf der Seite der geraden oder der ungeraden Hausnummern geparkt werden darf. Sehr spannend...

Öffnungszeiten: Geschäfte haben meistens von 09:00 oder 10:00 bis 19:00 oder 20:00 Montag bis Samstag, manchmal auch Sonntag geöffnet, sind dann aber oft Montag geschlossen. Also informiert euch rechtzeitig. Es gibt kein verbindliches Ladenschlussgesetz. Kleine Läden haben oft eine mehrstündige Mittagspause, große Supermärkte oft durchgehend geöffnet.

Sprache: der Franzose ist sehr stolz auf seine Sprache und erwartet, dass ein Besucher in seinem Land auch die Sprache etwas beherrscht und sich anpasst. Je jünger der Franzose ist, umso weniger legt er darauf Wert. Je ländlicher die Region, umso stärker. Aber ein paar Brocken bekommt jeder hin und öffnet damit Herzen (und Ohren). Ich habe mit vielen Franzosen jeden Alters darüber gesprochen (auf Englisch...), der Grund liegt im Schulsystem selbst. Zwar lernen alle Franzosen Englisch und viele auch Deutsch, aber die Anwendung der Fremdsprache wird weniger stark trainiert und der Stolz der „Grande Nation" besteht scheinbar ewig fort.

Kreditkarten und Bargeld: je ländlicher die Region, umso weniger sind Kreditkarten verbreitet. Am gängigsten ist es noch die Mastercard zu nutzen, American Express fast nie. Viele Hotels preisen zwar auf den Webseiten der Buchungsportale Kreditkarten an, vor Ort wird aber achselzuckend auf Bargeld verwiesen. Und da nicht überall ein Geldautomat steht, solltet ihr, wie beim Tanken, eben einen gewissen Vorrat dabei bzw einen flinken Beifahrer neben euch sitzen haben.

Ebbe und Flut: eigentlich klar, aber doch oft unterschätzt. Besorgt euch die Infos zur Tide, welche abhängig der Mondphasen sind. An Frankreichs Küsten beträgt der Unterschied gerne zwischen 4 und 13 Meter Höhenunterschied! Wäre unschön, wenn die Badesachen weggespült werden (und der Rest der Familie echt sauer ist). Auch hier gilt: achtet auf euer Umfeld, wo sich die Franzosen am Strand so platzieren.

Folgende Möglichkeiten bieten sich an:

- Per Flugzeug nach Paris CDG, dann weiter mit der Bahn bis Dünkirchen
- Per Zug von Deutschland aus via Paris oder Brüssel, dann weiter mit der Bahn bis Dünkirchen
- Per Auto via Belgien

Ich flog nach Paris CDG, stieg in den TGV Schnellzug nach Lille und wechselte dort in den TER Regionalzug nach Dünkirchen. Direkt gegenüber vom Bahnhof liegt das Hotel „B&B HOTEL Dunkerque Centre Gare", perfekt für die folgende Bustour zum Startpunkt des GR120 Richtung „Bray Dunes". Denn: der Busbahnhof liegt direkt neben diesem Hotel.

Mit der Buslinie C1 (alternativ auch die C2) fährt man bis zur Station "Leffrinkouke", dann steigt man in die Linie 20 (alle 30min) um und fährt bis zur Haltestelle "Frontiere". Hier, an der belgisch/ französischen Grenze, ist es noch cirka 1km auf einem sandigen Grenzweg bis zum Strand.

Busfahrten sind im Raum Dünkirchen und Calais völlig kostenlos, es wird kein Ticket benötigt!

6 WEGBESCHREIBUNG

6.1 Zum Startpunkt nach Bray Dunes

Nach dem Austeigen an der Bushaltestelle „Frontiere", geht man vielleicht 100m weiter zur Tankstelle Richtung Belgien. Direkt daneben angeschlossen ist freundlicherweise ein Tabac-Laden, ein guter Moment für einen letzten Kaffee auf dem Wandertag heute. Wem noch Getränke und Rationen fehlen, der kann sich hier eindecken.

Wir starten den Wandertag durch überqueren der D60, gehen am Eingang des Restaurants „Au Val d'Or" vorbei und nehmen halb rechts den Abzweig zum alten Grenzweg. Immer geradeaus folgend, erreicht man nach einem guten Kilometer endlich den Startpunkt des GR120 – direkt am Meer. Zeit für ein Foto am Wegpfosten!

Abbildung 2: Startpunkt des GR120 am Strand von Bray Dunes

Ab sofort sind die weiß-roten Markierungsschilder für uns richtungsweisend. Wie man am Startpunkt sieht, ist der GR120 ein Teil des E9 – dem Europäischem Fernwanderweg vom Atlantik in Portugal bis zur Ostsee in Russland. Man ist nun ein kleiner Teil des 5000km langem E9...

Man folgt immer westwärts dem Weg direkt am Strand. Nach 1km erreichen wir den Stadtrand von „Bray Dunes". Unterwegs sehen wir die ersten von unzähligen Bunkerresten, die aus dem 2ten Weltkrieg von französischer und deutscher Seite aus errichtet worden sind.

An der Brandungsmauer von „Bray Dunes" folgen wir weiter dem Weg bis zum Stadtrand, wo uns eine Hinweistafel auf die Evakuierungsstrände der Operation „Dynamo" (der Evakuierung des britischen Expeditionskorps 1940) erwartet. Wir biegen hier links ab und folgen dem Weg durch das Küstenhinterland weiter Richtung „Zuydcoote".

Der Weg trifft dann wieder auf den Strand, sodass man ihn auch einfach an der Hinweistafel in „Bray Dunes" weiter geradeaus am Strand folgen kann.

Nach cirka 3km erreichen wir, schon von weitem aus zu sehen, die Reste der Batterie „Malo Terminus", kurz vor „Zuydcoote". Je nach Gezeitenstand müssen wir über die Beton- und Steinreste am Strand „klettern" oder können bei Ebbe den vorgelagerten Strandabschnitt nutzen. Vorsicht beim Klettern auf die Bunkerdächer – die Betonoberflächen sind zuweilen sehr rutschig!

Abbildung 3: Hinweistafel Bray Dunes

Abbildung 4: Reste der Batterie Malo Terminus

Dünkirchen ist ab sofort permanent am Horizont zu sehen, unser Ziel für heute.

Wir folgen weiter dem Weg am Strand, erreichen „Malo-les-Bains", einem Vorort von Dünkirchen. Dieser geht nahtlos in Dünkirchen über. Über eine Brücke an einem Meeresarm erreichen wir die Innenstadt, streifen das Kunstmuseum und kommen am Bahnhof von Dünkirchen an.

Dünkirchen, knapp 86.000 Einwohner, lebt vom Hafenbetrieb und großen Industrieansiedlungen. Eine

Reihe von alten Kirchen und Museen lohnen sich zu besuchen. Weitere Informationen bekommt man vom örtlichen Tourismusbüro.

Wer mag, übernachtet im gleichen Hotel wie am Anreisetag. Wer dies so tut, könnte gepäckarm die erste Tagesetappe wandern und nur Verpflegung mitnehmen. Kulinarisch kann ich das „3 Brasseurs" empfehlen, eine Brauerei mit angeschlossener Gastwirtschaft.

Hat man noch Kraft, wandert man weiter nach Süden bis „Bergues" (+15km).

Wer das Industriegebiet und das teilweise monotone landwirtschaftliche Hinterland von Dünkirchen überspringen möchte, nimmt die Buslinien C1/C2/C4 oder C4a bis "Grande-Synthe...", steigt dann in die Buslinie 22 um und fährt bis „Gravelines" zur Station "Chateau de Eau". Demzufolge überspringt man die nächsten Seiten hier im Buch und blättert direkt auf Seite 24 vor.

Zur Erinnerung: Busfahrten sind im Raum Dünkirchen völlig kostenlos, es wird kein Ticket benötigt!

Kurz nach dem Bahnhof folgt man der Wegmarkierung weiß-rot, überquert zuerst die D916, gleich folgend die D601. Am „Canal de Moeres" geht man weiter, folgt der „Rue Beranger", die später in die „Rue Ledru Rollin" übergeht.

Vor der Autobahn A16 geht der Weg nach rechts, wir unterqueren die Autobahn bei der „Rue Chateaubriand".

Durch ein kleines Wohngebiet erreicht man die „Rue du Boernhol", folgt dann der Wegmarkierung links abbiegend auf der „All-des-Alouettes". Dünkirchen hat man damit verlassen, es wird deutlich ruhiger. Der Weg führt nun in einen Wald, den man bis „Bergues" nicht verlässt.

Mit Annäherung an den „Canal de Bergues" erreichen wir das Stadtzentrum, gehen im Zickzack der Wegmarkierung folgend in den Ort hinein.

Bergues, knapp 3500 Einwohner, lebt vom Tourismus und kleineren Betrieben. Es gibt genügend Übernachtungs- und Einkaufsmöglichkeiten. Sehenswert sind die Stadtmauern mit den 5 Stadttoren sowie die Kanäle.

Wir verlassen „Bergues" am Bahnhof vorbei nach Westen, erreichen die D352 und folgen dieser nach kurzem Weg in das Städtchen „Bierne". Kaum einen Kilometer weiter erreichen wir, parallel zur N225, das kleine Dörfchen „Petit Millebrugge". Hier gibt es nichts von Interesse.

Parallel der D3 und dem „Canal de la Haute Colme" weiter nach Westen folgend, erreichen wir „Grand Millebrugge", welches nicht so viel größer als der kleine Nachbarort ist. Aber es gibt Einkehrmöglichkeiten. Wir folgen der D3 weiter, bis eine Kreuzung zur D17 kommt und biegen hier rechts Richtung „Brouckerque" ab. Der D17 folgen wir weiter bis „Coppenaxfort".

Dem „Chemin du Vliet" folgen wir bis zu einer kleinen Brücke, überqueren diese rechts und erreichen „Bourbourg". Wir verlassen den Ort auf der D2, biegen am Ortsausgang rechts Richtung Autobahn A16 ab. Diese unterqueren wir und erreichen nach knapp 4km „Gravelines". Gravelines hat eine sehenswerte Altstadt sowie ein vom französischen Festungsbaumeister Vauban errichtetes Fort. Der GR120 führt genau um dieses Fort herum.

Wir erreichen der Wegmarkierung folgend den Fluss „Aa" (der heißt tatsächlich so), folgen diesem am

Jachthafen wieder weiter Richtung Küste. Spätestens hier lohnt es sich, im Supermarkt einzukaufen, denn das Tagesziel liegt nur noch 2km entfernt. An der schönen alten Slipanlage von „Grand Fort Philippe" erreichen wir das Etappenziel.

Grand Fort Philippe, etwa 5000 Einwohner, lebt vom Tourismus und ist in 2 Stadtteile durch den Fluß „Aa" geteilt. Sehenswert ist die Hafeneinfahrtszone mit den vorgelagerten Leuchttürmen. Ich kann wärmstens die private Unterkunft via AirBnB am „Bd Leon Marchal" empfehlen, direkt am Weg und mit Meerblick.

Abbildung 5: Fortanlage von Gravelines

Abbildung 6: Slipanlage Grand Fort Philippe bei Ebbe

6.5 Grand Fort Philippe – Calais (28km)

Wir verlassen den Ort Richtung Westen und biegen auf einem Wiesenweg halbrechts ab. Dieser geht in einen Kusselweg über – links und rechts ist meterhohes Gestrüpp und mittig ein Sandweg.

Abbildung 7: Kurz nach Grand-Fort-Philippe

Abbildung 8: Kusselweg vor Escardines

Nach einer knappen Stunde erreichen wir den kleinen Ort „Escardines". Lohnenswert ist es, hier kurz rechts an dem Strand für einen Pause abzubiegen. Der erste

Bunker, mit der verrostetem Panzerkuppel, birgt interessante Inhalte: verrostete Halterungen für Feldbetten, eine Panzerscharte sowie die Aufnahme des Periskops unter der Panzerkuppel. Und wen es nicht interessiert: der genießt das Meer.

Wir gehen um „Escardines" außen herum und erreichen den Ort „Oye". Kurz vor „Oye" geht der GR120 durch Überschwemmungswiesen, ein Hinweisschild auf Gummistiefel weist darauf hin. Im Notfall gehen auch Badeschlappen oder barfuß....

Schon von weitem sehen wir den schiefen Turm von „Oye", einem ehemaligen Beobachtungsbunker aus dem 2ten Weltkrieg. Bei seiner Sprengung kippte er nur leicht und blieb so stehen. Kurz davor sind Picknickbänke aufgebaut, die genutzt werden können.

Abbildung 9: Escardines: Bunker mit Panzerkuppel

Abbildung 10: Turm von Oye mit Picknickplatz

Wir folgen dem GR120 weiter, immer am Strand westlich weiter. Hier müssen wir aufpassen, weil stets weitere kleine Trampelpfade abweichen und wieder eintreffen. Sollte man den Weg verpasst haben: immer am Strand weiter westlich gehen. Unterwegs kommt eine Vielzahl an kleinen Teichen mit Kunststoffenten, die ihre lebenden „Artgenossen" anlocken sollen – es ist Jagdgebiet. Die Jagdzeit in Frankreich ist von

September bis März (wird aber flexibel ausgelegt...) – Vorsicht ist also geboten! Solltet ihr Schüsse hören, besser gleich an den Strand oder eine öffentliche Straße wechseln!

Auf dem weiteren Weg streifen wir die Ortschaften „Les Hemmes d`Oye" und „Les Hemmes de Mark". Calais ist nun in der Ferne zu sehen. Wir wandern durch ein dürres Wäldchen und treffen dann auf ein weiteres offizielles Jagdgebiet. Hinweistafeln warnen ausdrücklich davor, dieses zu betreten.

Dem Schotterweg folgend, erreichen wir die Randbezirke von Calais. Rechter Hand der Linkskurve des „Chemin des Dunes" steht eine gigantische Bunkeranlage, die ehemalige Batterie „Oldenburg". Cirka 200m breit. Ein Holzplankenweg führt dorthin auf einen Aussichtspunkt, von dem man einen schönen Blick in das Land hat.

Wir überqueren auf einer Hochbrücke die N216, am Rande mit Stacheldrahtzäunen gesichert, wegen dem Fährtunnel nach Dover. Wir streifen das Fährhafengelände, erreichen damit kurzzeitig den Pilgerweg Canterbury-Rom. Über die Brücke „Pont Vetillard" wandern wir in das zentrale Stadtgebiet von Calais.

Calais, mit knapp 67.000 Einwohnern, lebt von seinem wichtigen Hafen, dem Tourismus, dem Industriegelände und der Fähre nach Dover. Die Altstadt ist sehr sehenswert und bietet neben dem Rathaus, dem alten Hafen und dem Turm der Altstadt auch ein schönes Theater und mehrere Kirchen.

Übernachtet hatte ich direkt am alten Hafen, im Hotel „Holiday Inn Calais". Die alte Zitadelle ist gleich auf dem Weg zum Strand gelegen. Mit den Füßen im Sand kann man den Fähren zusehen, wie sie Richtung England abdampfen.

Abbildung 11: Batterie Oldenburg, nach heftigen Regenfällen im Dezember 2022

Abbildung 12: Rathaus von Calais

Über die Brücke „Pont Henry Henon" kommt man zum Strand „Plage de Calais", es geht weiter parallel auf der Strandpromenade westlich. Schemenhaft erkennen wir mit jedem Schritt klarer die Kreidefelsen von Dover nordwestlich von uns. An der engsten Stelle sind es nur noch 16km bis zur Küste von England.

Nach Erreichen des Strandes „Blerriot Plage" biegen wir links und wieder rechts ab, gehen nun auf einem Sandweg zwischen Sträuchern weiter.

Man passiert „Sangatte", der GR120 wechselt wieder direkt an den Strand. Wir bleiben an dem befestigten Strandweg – für eine Promenade ist er zu klein. Etwas erhöht geht es an den Strandhäusern entlang. Im letzten Drittel des Ortes „Sangatte" gehen wir links, gleich wieder rechts, überqueren die D940 und gehen kurz danach über einen Parkplatz leicht bergauf auf einem Wanderweg weiter.

Man gelangt, stetig bergauf, in ein Wäldchen, geht an einer Waldkreuzung rechts ab, hält sich dann links und erreicht mit dem Ende des Wäldchens eine erhöhte Position mit wunderbarem Fernblick auf das „Cap Blanc Nez". Zeit für eine Pause und einem kompletten, herrlichen Rundumblick!

Abbildung 13: Ortsrand von Calais

Abbildung 14: Fernsicht auf Cap Blanc Nez

Über den Parkplatz vom „Cap Blanc Nez" wandern wir zum Kap, nehmen selbstverständlich die Kapspitze mit vielen Hinweistafeln auch noch mit. Der GR120 biegt vorher links ab, erreicht aber die andere Hangseite wieder. Es wäre wirklich schade, das Kap auszulassen!

→ Leider gibt es am „Cap Blanc Nez" keinen Stand, um gepflegt einen kleinen Imbiss an diesem Ort einzunehmen. Alles ist selbst mitzubringen.

Wir nehmen uns unbedingt die Zeit und genießen diese erhöhte Position, schauen zurück nach Calais und schauen nach vorne: sehen „Wissant", welches wir heute noch erreichen werden. Bei gutem Wetter erkennen wir den Grund für den Namen dieses Küstenstreifens: das Wasser schimmert grünblau wie ein Opal (deswegen Opalküste).

Abbildung 15: Blick auf Wissant vom Cap Blanc Nez

Abbildung 16: Blick zurück auf das Cap Blanc Nez

Bergab geht es auf einem Wiesenweg an den Rand der Steilküste. Am tiefsten Punkt sollten Sie unbedingt einen Blick zurück werfen: die Kreidefelsen des „Cap Blanc Nez" zeigen, warum sie „blanc" heißen.

Wir kommen zur nächsten Anhöhe: „Le Petit Blanc Nez" – das kleine weiße Kap. Dieses überqueren wir und sehen deutlich unser Tagesziel „Wissant" nun vor uns. An einer Holztreppe wechselt der GR120 rechts an den Strand – hier kann man barfuß weiter bis „Wissant" gehen. Eine Wohltat nach gut und gerne 24km bis hierher.

Etwa 300m vor dem Ort „Wissant" – vom Strand aus gesehen, kann man mit etwas Glück und Ebbe die Reste eines U-Bootes aus dem Ersten Weltkrieg im Sand sehen.

Wissant, mit seinen 850 Einwohnern, lebt ausschließlich von Landwirtschaft und Tourismus. Der Ort hat eine Reihe von Hotels und Pensionen zu bieten, für jeden ist etwas dabei. Ich kann das „Chambre d'hôtes les Deux Caps - Les Moussaillons" recht nah im Zentrum und das „Hôtel Le Vivier - Vue Mer" empfehlen, etwas am Ortsrand. Relativ zentral ist auch ein Campingplatz „Camping Municipal La Source". Es gibt genügend Restaurants und Snackbars im Ort. Ein kleiner Supermarkt in der Nähe der Kirche sowie ein Tabac-Laden runden das Angebot ab.

Abbildung 17: Bodenständige, regionale Küche

Am letzten Gebäude südlich der Strandpromenade von „Wissant" schauen wir von oben auf den malerischen Südstrand. Ein beeindruckender Moment und ein guter Start in den Tag!

Anschließend gehen wir ein paar Schritte zurück und folgen dem GR120 durch die „Avenue de la Belle Etoile". Wir biegen rechts ab in die „Rue des Oyats" und folgen dem GR120 über einen Sandweg wieder an den Strand.

Der Sandstrand wechselt zuweilen in einen Kiesstrand mit faustgroßen Kieselsteinen. Festes Schuhwerk ist hier unbedingt von Nöten!

Bei „Chatelet" wechselt der GR120 wieder auf die Dünenkante, schlängelt sich durch Brombeergestrüpp weiter. Ab jetzt geht es wieder stetig bergauf, dem „Cap Gris-Nez" entgegen. An einem Staketenzaun haben wir nochmal einen wunderbaren Fernblick bis nach Dover.

Abbildung 18: Südstrand von Wissant

Abbildung 19: Cap Gris-Nez mit Strand

Wir kommen an den Strand „Plage Cap Gris-Nez" und schauen uns die gewellten Gesteinsformationen an. Der GR120 biegt hier links Richtung „Framezelle" ab.

➔ Wer natürlich das „Cap Gris-Nez" auch vom höchsten Punkt aus erleben möchte, geht einen anderen Weg. Wir erreichen den GR120 dann auf der anderen Kapseite wieder.

Vom Strand „Plage Cap Gris-Nez" nehmen wir, über ein paar Treppenstufen erreichbar, den kleinen Weg „Chemin des Douaniers" und folgen diesem nach oben. Wir erreichen über ihn die „Rue du Fort", folgen dieser nach rechts. Nach kaum 150m nehmen wir den schmalen Weg nach links, mit ein paar Treppenstufen, und wandern zur Spitze vom „Cap Gris-Nez".

Auf dem Kap gibt es einen schönen Rundweg mit vielen Erklärungen. Unterhalb des Leuchtturmes erreichen wir wieder den GR120 und folgen ihm hangabwärts zur Steilküste. Gelegentlich ist der Weg hier wegen Hangabstürzen gesperrt und wird umgeleitet.

Wir folgen stur dem Trampelpfad an der Steilküste, passieren eine kleine Siedlung und sehen vor uns halb links ein größeres Waldgebiet. Hier befindet sich, in „Haringzelles", ein sehenswertes Museum über den 2ten Weltkrieg: der Kasematte der Batterie „Todt". Unter anderem steht hier noch eines von 2 „Dora" Eisenbahngeschützen der damaligen Zeit. Um dieses zu erreichen, biegen wir an der „Chapelle Notre Dame de la Mer" links ab und erreichen nach einem Kilometer das Museum.

Geradeaus an der Steilküste wandern wir nach „Audresselles", dem perfekten Ort für eine Pause. Es gibt einige Restaurants, aber auch einen sehr guten Imbisstand am Marktplatz.

Am Strandweg verlassen wir „Audresselles", erreichen nach cirka 2 Kilometern „Ambleteuse". Auch hier gibt es ein sehenswertes Museum „Musee 39-45", wo die Museums-Eintrittskarten von „Haringzelles" akzeptiert werden.

Am „Fort d'Ambleteuse" biegt der GR120 links ab und verläuft einmal um das Vogelschutzgebiet vor uns herum. Viele Wanderer ziehen hier einfach ihre Schuhe aus und waten, auf dem Kiesbett, durch den größeren Bach „La Slack" hindurch, gehen dann direkt am Strand weiter südlich. Achtung: die Gezeiten beachten!

Der GR120 folgt nun weiter der Steilküste, immer in Hangnähe. Er schlängelt sich auf und ab, weiter Richtung „Wimereux". Hier gehen wir an der Strandpromenade weiter bis zum Ortsausgang, der bergauf verläuft.

Wir sind nun an der letzten Wegetappe vor „Boulogne-sur-Mer" angekommen, sehen die Stadt schon von weitem. Der bei Ebbe sehenswerte „Point de la Chreche" wird passiert, dann geht es leicht abwärts in die Stadt hinein. Unsere Etappe endet am Yachthafen.

Boulogne-sur-Mer, mit 40.000 Einwohnern der größte Ort der Region, war geschichtlich stets höchst begehrt! Julius Cäsar nutzte die Stadt als Basis für die Eroberung Englands, Napoleon sammelte hier seine Armee, um eine Invasion von England zu beginnen. Boulogne ist der größte Fischereihafen Frankreichs, ist voll touristisch erschlossen und bietet damit alles, was ein Wanderer benötigt.

Vom Yachthafen aus müssen wir die Fischfabriken durchqueren, es gibt schönere Strecken. Über einen Parkplatz erreichen wir wieder den Strand. Kaum einen Kilometer weiter sind wir Örtchen „Le Portel", mit dem gigantischen Gezeitenschutz an der Steilküste.

Wir gehen stetig bergauf und biegen am Campingplatz links ab. Über die „Rue Maurice Ravel" verlassen wir den Ort und gehen durch landwirtschaftliche Nutzflächen auf „Equihen-Plage" zu. Wir bleiben auf der D236E1 und erreichen so den Südstrand des Ortes.

Kaum 500m weiter südlich biegt der GR120 links in die Dünen ab, folgt dann einem Sandweg kreuz und quer durch Kusselgelände. Ein paar schöne Aussichtspunkte streifen wir, dann stößt der Weg wieder auf den Sandstrand.

Wer mag, kann auch einfach am Strand weiter südlich gehen und den Umweg sich sparen.

Wir erreichen „Hardelot-Plage", müssen vorher aber noch einen kleinen Bachlauf durchwaten. In Dünennähe gibt es auch große Steine zum Überqueren trockenen Fußes. Im Ort kann man schön ein zweites Frühstück zu sich nehmen.

Wir gehen immer weiter südlich am Strand, passieren gesprengte Bunkerreste, streifen den Strandabschnitt von „Dannes" und erreichen nach einer Weile „Saint-Cecile-Plage".

Abbildung 20. Le Portel wird erreicht

Abbildung 21: Südstrand von Equihen Plage

Am Ende des Ortes biegen wir links ab, gehen einfach geradeaus bis zum nächsten Ort „Camiers" und biegen dort rechts ab. Wir streifen in einem Waldstück einen Campingplatz, gehen durch ein Naturschutzgebiet und erreichen unseren Etappenort „Etaples".

Etaples, cirka 10.000 Einwohner, ist eine Hafenstadt an der Opalküste. Der Ort lebt vom Fischfang und dem

Tourismus durch angrenzende Seebäder. Schön ist es, durch die Altstadt mit den niedrigen Fischerhäusern zu schlendern. Am Bahnhof gibt es 2 Supermärkte.

Übernachtet hatte ich via AirBnB in einer kleinen Nebengasse, auf halben Weg zum Supermarkt am Bahnhof.

Abbildung 22: Der Autor des Reiseführers am Strandabschnitt von Dannes

Abbildung 23: Wandmalerei in Etaples

Über den Kreisverkehr des „Boulevard Billiet" gelangen wir zur Brücke „Pont d'Etaples ou Pont Rose", gehen den Wiesenweg rechts - parallel zum Fluss und der Flugzeugrollbahn - einfach weiter Richtung Meer. Am „Point Vue" haben wir endlich wieder Sand unter den Schuhen, wir folgen dem Meer scharf links abbiegend auf der „Route en Corniche". Den folgenden Parkplatz umgehen wir auf der Stadtseite, bis zum Ende der Strandpromenade.

Wir folgen südwärts dem Strand bis zum „Plage de Stella" (Zeit für eine Pause), gehen weiter bis „Merlimont Plage". Ein paar Kilometer weiter – wir sehen jetzt ein großes Riesenrad am Horizont – erreichen wir „Le Terminus" und ineinander übergehend „Berck-sur-Mer".

Bei „Le Terminus" kann man die unglaubliche Dichte an Bunkeranlagen aus dem 2ten Weltkrieg erahnen – hier liegen an dem Abschnitt „Berck Nord" bestimmt 30 Stück auf engstem Raum dicht aneinander.

Abbildung 24: Am FKK Strandabschnitt nördlich von Merlimont

Abbildung 25: Strandabschnitt Berck Nord

Berck sur Mer, cirka 13.000 Einwohner, gliedert sich in die Orte „Berck Plage" und „Berck Ville". Der Ort hat eine Kurgeschichte wegen der weitestgehend keimfreien und partikelarmen Luft. Davon zeugen noch alte Hospitale und Klinikgebäude im Ort.

Der GR120 biegt beim „Plage de Phoques" in die Dünen links ab, umgeht damit Berck südlich. Über eine Zickzack-Wegführung streifen wir kleine Ortsteile von „Groffliers". So verlockend es auch sein mag: von einer Durchwatung der „Autiers" beim „Port de la Madelon" würde ich abraten!

Wir streifen das Flussdelta des „Autiers", welches je nach Gezeitenstand höher oder niedriger ist, erreichen die D940 südlich von „Conchil", schwenken scharf rechts und gehen auf der anderen Flussseite der Autiers in Richtung „Baie d'Autie". Dort biegen wir links ab und erreichen unseren Etappenort „Fort Mahon Plage".

Fort Mahon Plage, cirka 1200 Einwohner, ist ein Seebad mit einem ausgeprägtem Feinsandstrand. Selbst bei Flut ist der Strandabschnitt noch groß. Es gibt im Wesentlichen eine zentrale Straße „Avenue de la Plage", an der sich alle touristischen Einrichtungen befinden. Empfehlen kann ich die Übernachtung im „Hotel de la Terasse" – ein einfaches 3-Sterne-Hotel mit einem ausgezeichneten Restaurant in bester Lage.

Vom strandnahen Parkplatz gehen wir den Dünenweg „Sentier du Royon" südlich. Wer im „Hotel la Terasse" übernachtet hat, geht einfach am Strand nach Süden. Das erste Ziel des Tages ist schon zu sehen: „Quend Plage". Hier kann man nochmal Proviant nachkaufen, es gibt sonst heute nichts weiter.

Der Strand ist bretteben – die Sandoberfläche durch Ebbe, Flut und Wind relativ hart und gut zu gehen. Ab und zu sind große Muschelschalenbänke sichtbar und hörbar. Große Vogelschwärme halten sich am Strand auf – bitte nicht stören!

Heute erreichen wir das Sommedelta bzw die Sommebucht, ein Naturschutzgebiet. Eine einsame Gegend, keine Badegäste, nur Reiter, Wanderer und Ornithologen. Wir bleiben so lange es geht am Strand, bis Hinweisschilder uns links in die Dünen abbiegen lassen. Wir gehen gleich wieder rechts und bleiben auf dem gut zu gehenden Wanderweg durch die Dünenlandschaft. Es folgen ein paar hölzerne Beobachtungsstände für Vögel an den Teichen und Tümpeln im Hinterland.

Wir erreichen den kleinen Fluss „La Maye", den wir auf einer kleinen Staubrücke überqueren. Der Weg ist hier durch Reiter stark in Mitleidenschaft gezogen. Am

Strand weiter folgend, erreichen wir unser Tagesziel „Le Crotoy".

Le Crotoy, knapp 2.000 Einwohner, lebt vom Tourismus und dem Fischfang. Spätestens hier sollten Sie die Miesmuscheln probieren. Die Kirche im maritimen Stil ist sehr sehenswert! Übernachtet hatte ich via AirBnB 20m vom Jachthafen entfernt, im „Les Eccluses". Die perfekte Unterkunft für Wanderer, alles ist in der Nähe.

Abbildung 26: Hinweisschild Naturschutzgebiet vor Le Crotoy

Abbildung 27: Le Crotoy

6.12 Le Crotoy - Cayeux-sur-Mer (29km)

Auf dieser Etappe ergeben sich 2 Möglichkeiten:

Variante 1: Sie wandern auf dem GR120 bis „Cayeux-sur-Mer".

Variante 2: Sie nehmen die einspurige Schmalspureisenbahn mit Dampflock bis „Saint-Valery-sur-Somme" (über „Noyelles") und wandern die restliche Strecke bis „Cayeux-sur-Mer". Der Bahnhof in „Le Crotoy" ist neben dem sichtbaren Wasserturm.

Dringend rate ich davon ab, bei Ebbe direkt in das stets sichtbare, 3km entfernte „Saint-Valery-sur-Somme" zu gehen und die Bucht damit zu durchwaten!

Hier die Beschreibung der Variante 1: Am Ende des Jachthafens von „Le Crotoy" nehmen wir rechts den Weg zum Leuchtturm, gehen dann auf dem Damm weiter bis zur D940. Wir unterqueren diese und folgen rechts dem asphaltiertem Radweg, bis die GR120 Wegmarkierung auf Höhe „Moray" uns rechts der D940 umleitet. Ein paar hundert Meter weiter biegen wir an einem Tiergatter rechts in das maritime Marschland ab. Vorsicht hier, wenn gejagt wird: verhalten Sie sich auffällig sichtbar (Kleidung mit Signalfarben...)!

Wir stoßen direkt auf die Bahnlinie der Schmalspureisenbahn, folgen ihr nach rechts bis zur „Somme" und bleiben erstmal am rechten Flussufer. Sobald wir den Jachthafen von „Saint-Valery-sur-Somme" sehen, biegen wir links über die Brücke auf die linke Flussseite ab und folgen dieser rechts weiter in den Ort – nun wieder an den Bahnschienen - hinein. In „Saint-Valery-sur-Somme" kann man sehr gut eine Pause in einem der zahlreichen Restaurants machen.

Abbildung 29: Saint-Valery-sur-Somme

Abbildung 28: Saint-Valery-sur-Somme Promenade

Wir folgen weiter der Seepromenade bis zum Ende, biegen dann links und an einem Sandsteinwegweiser wieder rechts ab, folgen dem Marschland weiter bis zum „Cap Hornu". Ab hier sehen wir die nächste sichtbare Landmarke, die unsere Richtung vorgibt: dem Leuchtturm von „Hourdel". Am Rand des Marschlandes wandern wir auf dem Damm bis zu einem Waldstück, durchqueren dieses, biegen danach rechts bei der D3 ab und kommen immer näher zum Leuchtturm. Kurz vor „Hourdel" stoßen wir auf die D102 und erreichen, ihr rechts folgend, den Leuchtturm von „Hourdel". Zeit für eine Pause! Wenn man Glück hat, sieht man hier Seehunde im Meer oder am Strand.

Die folgende Strecke verspricht höchsten Genuss beim Küstenwandern!

Auf dem Küstenwanderweg, durch sandiges Kusselgelände, folgen wir dem Weg westlich und erreichen nach einem guten Kilometer das Meer. Der Strand ist hier mit faustgroßen Kieselsteinen bewehrt, um Erosion zu verhindern. Wir erreichen einen pittoresk unterspülten Bunker, folgen der Küste immer weiter. Wind, Sonne und Wasser spielen hier ihr Spiel.

Hier erlebte ich im Sommer 2023 mein ganz persönliches Glücksgefühl von der Freiheit beim Wandern. Ein gesundes Vagabundentum - ein Mix aus Naturliebe, Abenteuer und Freiheit. Die Franzosen sagen dazu „bohème et l'errance", was sich für mich noch schöner anhört. Es ist ein Gefühl, eine Empfindung der Freiheit, die kein Dichter besser beschreibt als der französische Dichter, Romantiker und Abenteurer, Jean-Nicolas Arthur Rimbaud (1854–1891). In seinem Gedicht „Ma Bohème" schrieb er über Empfindungen (frz. „Sensation"), wie er über Felder geht und träumt, nicht spricht und nicht denkt, wie er seinen Kopf im Winde badet und seine Seele durchtränkt. Er fühlt sich frei wie ein Vagabund in Gottes Natur. Genau so habe ich es dort empfunden, die Kilometer flogen dahin, völlig müheloses Wandern in der perfekten Natur, das Meeresrauschen im Hintergrund, kaum Menschen. Und ich.

Abbildung 29: Waldstück vor Hourdel

Abbildung 30: Bunker am Strand vor Brighton

Wir gehen immer weiter am Sandstrand, wechseln der Wegführung folgend in das Dünengelände und erreichen „Brighton", ein kleines Seebad kurz vor „Cayeux-sur-Mer".

Nur knappe 2 Kilometer weiter erreichen wir unser Etappenziel: „Cayeux-sur-Mer".

Bitte weichen Sie hier vom gekennzeichneten Weg ab und gehen Sie, knappe 100m weiter am Strand auf dem Bohlenweg weiter in den Ort hinein! Denn besonders sehenswert sind die 400 Strandhäuschen dort, welche kunterbunt von den Besitzern bemalt sind und einen schönen Kontrast zur Landschaft geben. Jedes hat einen eigenen Namen, ist mit maritimem Dekorationsmaterial verschönert – kleine Refugien ihrer Besitzer. Wer Glück hat, kann auch mal hinein schauen.

Cayeux-sur-Mer, mit cirka 2.400 Einwohnern, lebt vom Tourismus. Ein wunderbarer Platz für einen Sommerurlaub! Dringend empfehlen kann ich die Strandbar „Le Mouton Phare", welche aus Euro-Paletten gebaute Sitzgelegenheiten hat. Die Wurst/Käseplatte für 2 mit einem großen Glas Bier ist am Ende dieses Wandertages ein Hochgenuss! Übernachtet hatte ich via AirBnB in einer Seitenstraße, keine 50m vom Strand entfernt. Ein Fischgeschäft und ein Supermarkt waren gleich um die Ecke.

Abbildung 31: Strandhäuschen von Cayeux-sur-Mer

Dem Bohlenweg folgen wir bis zum Ende des Ortes, dann biegt der Weg links und gleich wieder rechts ab. Auf dem Damm geht ein Schotterweg immer weiter bis zur Kreideküste, die wir am Horizont erkennen können. Mit ein bisschen Glück scheint die Sonne und wir erkennen, warum dieser Küstenabschnitt Alabasterküste heißt – der farbliche Wechsel der alabasterfarbenen Kreidefelsen zum blau/türkis schimmernden Meer ist wunderbar zu erkennen.

Zwischendurch biegt der GR120 links in das Marschland ab, schlängelt sich an landwirtschaftlichen Nutzflächen entlang, streift den Ort „Hautebut" und erreicht schließlich „Ault" am Campingplatz. Nur vom Meer sieht man dabei nichts, deswegen empfehle ich, dem Weg auf dem Damm einfach weiter zu folgen und „Ault" somit direkt zu erreichen. Außerdem stören dort keine Jäger, welche immer wieder sicht- und hörbar sind.

Abbildung 32: Ault wird erreicht

Wir erreichen „Ault", gehen an der Strandpromenade weiter Richtung Steilküste. Bevor die Straße steil bergauf geht, zweigen wir rechts auf einen schmalen Weg ab und können etwa 200m direkt bis zur Steilküste gehen. Am Aussichtspunkt drehen wir wieder um und gehen nun die Steilküste bergauf. An der „Rue du Moulin" treffen wir wieder auf den GR120.

Abbildung 33: Aussichtspunkt an den Kreidefelsen von Ault

Abbildung 34: Kurz nach dem Verlassen von Ault

Wir bleiben nun immer an der Steilküste auf einem Trampelpfad, gelegentlich gibt es kleinere gesperrte Zonen wegen Hangabbrüchen. Alle hundert Meter kommen spektakuläre Aussichten auf die Küste und die Kreidefelsen. Ein paar Kilometer weiter erreichen wir den kleinen Ort „Cise", mäanderförmig schlängelt sich der Weg auf der Straße in den Ort hinein. Es lohnt sich, hier eine Pause einzulegen und den Strand des Ortes zu besichtigen. Am Fuße der Steilküste zu stehen ist beeindruckend!

Abbildung 35: Cise in Sicht

Wir verlassen den Ort südwestlich, auf dem Wanderweg „Allee du Muguet" durch ein Waldstück bergauf. Am Ende geht es rechts, kurz vor dem letzten Haus links über einen Holzstufenübertritt auf Weidegebiete. Am Rand eines Waldes, parallel zur Steilküste, wandern wir auf dem Trampelpfad immer weiter. Nach einer kleinen Ewigkeit sehen wir „Mers-les-Bains" und haben einen fantastischen Weitblick bis zu den Kreidefelsen von „Le Treport".

Der Weg geht hangabwärts bis zur „Eglise-Saint-Martin", biegt scharf rechts ab in Richtung Strandpromenade von „Mers-les-Bains". Dieser folgen wir bis zum Ende des Strandes in Richtung des Riesenrades, bewundern die prächtigen Promenadenhäuser aus einer anderen Zeit.

Abbildung 37: Promenadenhäuser Mers-les-Bains

Wir erreichen den Bahnhof des Doppelortes Le Treport/ Mers-les-Baines – hier endet der GR120 an einem schlichten Holzpfeiler, direkt am Parkplatz vor dem Bahnhofseingang.

Abbildung 38: Das Ende des GR120 in Le Treport/ Mers-les-Bains

Le Treport, mit etwas mehr als 4000 Einwohnern, liegt direkt neben Mers-les-Bains. Beide teilen sich den Bahnhof. Diese beiden wunderbar sehenswerten Städtchen besitzen eine fantastische Bäderarchitektur, alte Kirchen, einen schönen Kiesstrand mit Badehäuschen und dem Schrägaufzug zu dem Plateau der Kreidefelsen.

7 DANKSAGUNGEN

Wo fängt man an, wo hört man auf?

Danke an meine Familie für die Zeit, die ich bekommen habe!

Danke an alle Lektoren, Querleser und Layouter.

Danke an alle Rezensenten für die Kritik!

Danke an alle Multiplikatoren für die erhaltene Reichweite!

Danke an alle unermüdlichen freiwilligen Helfer, die Wanderwegmarkierungen „am Leben erhalten".

Wenn ich jemanden vergessen habe, so möge man mir bitte verzeihen.

Sven Müller, Jahrgang 1974, wohnt im schönen Rudolstadt/Thüringen. Seit vielen Jahren ist er wandernd in der Welt unterwegs, wenn Familie und Beruf dies zulassen. Er liebt die Natur, gutes Essen, Musik und treibt gerne Sport. Seine größte Wanderung begann er 2014 in Rudolstadt, von wo er aus Deutschland und Frankreich - in Etappen - komplett durchquert hat.

Von ihm erschien 2011 auch das Buch „100 Kilometer zu Fuß um Jena" ISBN 978-3-8423-3977-4.

9 NOTIZEN

11 ABKÜRZUNGSVERZEICHNIS

CDG = Flughafen Charles de Gaulle

GR = Grande Randonnée

TGV = „Train à Grande Vitesse"
Hochgeschwindigkeitszug

TER = „Train Express Régional" Regionalzug